Leitfaden für Fremdgeher
Tipps für den erfolgreichen Seitensprung

AF191342

Mutter Hautberg

Leitfaden für Fremdgeher

Tipps für den erfolgreichen Seitensprung

Bibliografische Information der Deutschen Nationalbibliothek
Die Deutsche Nationalbibliothek verzeichnet diese Publikation in der Deutschen Nationalbibliografie; detaillierte bibliografische Daten sind im Internet über http://dnb.d-nb.de abrufbar.

ISBN 9783755797357

Copyright (2022) Mutter Hautberg
Herstellung und Verlag:
BoD - Books on Demand, Norderstedt
Alle Rechte bei der Autorin.

29,99 Euro

He Fremdgeher,

schön, dass Du Deine Frau betrügen magst. Wieso auch nicht? Du nimmst ihr ja nichts weg.
Sie will womöglich eh keinen Sex mehr oder es ist immer dasselbe.
Du bist Dir nicht einmal sicher, ob die spärlichen Male nicht nur aus Pflicht abgespielt werden.
Nun ja, wieso sollte man seine Lust nicht mit anderen Körpern verbringen. Dein Körper gehört ja nur Dir. Also los.
Dieses Buch wird Dir ein paar Tipps an die Hand geben. Du wirst 100pro zu mehreren Traumstichen kommen.
Befolge nach und nach einfach die folgenden Punkte und sei sexuell glücklich.

Deine Mutter Hautberg

1. Tinder runterladen!

2. Lovoo runterladen

3. In beiden Apps ein Profil mit Text und Bild online stellen.

4. Frauen wahllos anschreiben. Am besten mit einem guten Massentext.

5. Date ausmachen!

6. Treffen

7. Ficken

8. Frau nichts verraten!

9. Nächsten Tag: Frau immer noch nichts verraten.

10. Übernächster Tag: Frau auch nichts sagen.

11. Bei Frau noch mal Sex versuchen und wenn sie keine Lust hat: Noch einmal die Apps nutzen.

12. Und dann halt das Prozedere von vorne.

13. Wahlweise einfach die Freundinnen Deiner Frau kontaktieren.